OPINION

ET

PROJET DE LOI

SUR

LA LIBERTÉ DE LA PRESSE.

DE L'IMPRIMERIE DE RENAUDIERE,
RUE DES PROUVAIRES, N°. 16.

OPINION

ET

PROJET DE LOI

SUR

LA LIBERTÉ DE LA PRESSE.

> « Il ne faut pas écarter une chose
> parce qu'il y a des abus;
> » Ce sont les abus qu'il faut écarter. »
>
> M. V. IMBERT,
> Considérations sur l'amortissement

A PARIS,

Chez DENTU, Libraire, au Palais Royal,

Et Chez MONGIE, Libraire, boulevard Poissonnière,
n°. 16.

18 novembre 1817.

A SA MAJESTÉ LOUIS XVIII,

A MESSIEURS LES MEMBRES

COMPOSANT LES DEUX CHAMBRES.

SIRE,

MESSIEURS,

L'INTÉRESSANTE question de la liberté de la presse, déjà débattue pendant les sessions passées, doit être encore agitée.

---

(1) J'ai livré à l'impression ces feuilles, dont je revois les épreuves, avant d'avoir connaissance du projet de loi de Messieurs les ministres de Sa Majesté.

S'il était adopté, je pleurerais sur elle.

Sur ce sujet, qui doit tant influer sur nos destinées, souffrez que j'aie l'honneur de vous adresser des réflexions et un projet de loi que déjà j'ai essayé d'offrir, qui a pu n'être pas aperçu, et que je voudrais motiver encore.

L'amour de notre pays (sentiment qui doit nous animer tous), le desir que j'aurais de le servir, l'étude la plus approfondie (dont je sois capable) et non interrompue depuis longues années sur l'art social sont l'excuse de ma démarche.

La gravité du sujet que je vais essayer de traiter me paraît me promettre votre indulgence sur moi pour les considérations, que je vais avoir l'honneur de vous soumettre, réclamer le jugement le plus sévère.

Nous cherchons, nous voulons tous la vérité; je crois entendre votre ordre de la dire toute entière, telle que je la puis concevoir.

De la liberté de la presse.

Encore qu'elle soit formellement énoncée dans la charte, je viens la defendre de mes faibles moyens, puisque des lois d'exception semblent à plusieurs égards nous la rendre étrangère.

———

La liberté de la presse consiste dans le droit reconnu et garanti à chacun d'exprimer, de publier à sa volonté par écrit, et d'imprimer sans nulle censure préalable, et sans empêchement, son opinion sur tout ce qui le concerne, tant individuellement, qu'en masse comme membre du corps social dont il fait partie, sauf dans les cas où, usant de son droit, il se serait rendu coupable de délits réels prévus par les lois, à être poursuivi et puni ainsi qu'il va être spécifié ci-dessous.

La liberté de publier sa pensée suit nécessairement celle de l'exprimer, et celle-ci est un effet de cette faculté inhérente à lui qui le distingue, et qui constitue son intelligence. Car, à quoi servirait sa pensée s'il n'a le droit de la manifester et de se saisir de celle des autres pour son avantage?

L'opinion est le résultat réfléchi de la pensée; elle est notre manière de voir sur un sujet quelconque

L'opinion se forme par l'éducation reçue, tant de nos semblables que des choses. Elle s'assure par l'étude et par l'expérience.

Heureux celui qui, pour l'adopter, ne s'en rapporte pas à un premier coup-d'œil non réfléchi, au dire des faux préjugés, au langage des passions délirantes, mais qui l'asseoit sur une raison approfondie, et ne la reçoit jamais que conforme aux élans de sa conscience, qu'il a cherché tous les moyens d'éclairer.

Sur tout sujet la vérité est une, ainsi toute opinion est juste ou fausse; mais qui peut se flatter de l'avoir aperçue, de l'avoir considérée dans tous ses détails, dans tous ses rapports et dans son ensemble. Elles ont donc besoin d'être discutées, contestées, combattues.

Sur tout ce qui nous concerne qui a le droit d'être entendu ?

N'hésitons pas à le dire ; il appartient à chacun. Si nul n'a le droit de prescrire à un autre l'opinion qu'il doit avoir, il s'ensuit que chacun a le droit de manifester celle qui lui est propre.

L'homme est le maître de ses actions; il est libre d'agir; et cependant, s'il nuit, si ses faits sont des délits, des crimes constatés et prévus, la loi, résultat d'un consentement commun et à l'avance exprimé, les arrête et les châtie. L'homme était resté disposant de lui-même; ce n'est que parce qu'il a abusé de sa liberté qu'il est repris.

Si l'homme peut agir à sa volonté, il peut penser; s'il pense, il peut dire, publier sa pensée. Ces facultés se suivent.

Qui dira à l'homme qui veut se mouvoir : votre direction peut être imprudente, vous ne marcherez pas? De même qui lui dira : vous vous mêlez de raisonner sur tout ce qui vous intéresse, sur tout ce qui vous concerne, soit; mais ce sera tout bas, sans en référer, sans en conférer, sans vous consulter avec ceux qui vous ressemblent, dont le sort au vôtre est semblable, et qui, en tout point, ont le même intérêt? Vous ne direz pas votre opinion, ce serait ligue et faction; seul, moi, j'ai le droit d'émettre la mienne, de la manifester, de parler au nom de tous, d'établir ce que je veux que l'on pense; de donner à tous les faits, à toutes les circonstances, la couleur que je veux, qui me plaît : seul, je sais mieux ce qu'il vous faut que vous.

Je parlerai publîquemeni, je ne veux pas êire contredit.

Si un tel langage se peut proférer, se peut entendre, c'en est fait de l'hómme. Qu'esi devenue sa dignité? Qu'est devenue et à quoi bon son intelligence , à quelle condition servile est-il livré, et de quelle nature supérieure est donc l'auieur d'un iel discours ?

Peut-on avoir le droit de parler et n'avoir pas celui de manifester sa pensée? Si l'homme ne la dit qu'auprès de lui, elle peui n'êtro que le produit d'un esprit de parti, de coterie; plus elle est par lui divulguée, plus il en appelle à l'opinion publique, plus il demande à être jugé, plus il donne caution de sa moralité. Plus il agit ouvertement, plus il peui être combattu, plus il use d'un droit légitime.

La liberté de la presse est un droit inhérent à l'homme, et si l'intérêt de la société ne peut être de le dépouiller de ses facultés, élle se doit de le garantir; et non-seulement en envisageant l'homme individu, mais en le considérant en masse et pour elle.

Tous les maux de la société ne sont nés et ne subsistent que parce que ce droit est méconnu.

Mais, dit-on, ce droit, par lui-même, entraîne des excès, des délits; rien de plus simple
que de les pressentir, de les prévoir, de les pré-
ciser et de les réprimer.

Mais ne déclarons pas crime ce qui n'est que
l'exercice le plus légitime de notre droit, qui
s'étend à discourir sur tout ce qui nous concerne.
N'étouffons pas cette liberté, sous le prétexte de
notre plus grand bien ; c'est elle seule, tandis
qu'on parle d'abus , qui peut les attaquer tous,
qui peut les détruire par l'arme du raisonnement,
les dénonçant à l'opinion publique.

La liberté de la presse est le plus grand moyen
du développement de notre industrie, de notre
intelligence. Qu'elle soit réelle, et il n'y aura de
terme à notre perfectionnement que les termes
de cette intelligence. Tout ce qui est utile, tout
ce qui est nuisible , sera signalé, et sera discerné
par la raison publique.

Cessons d'alléguer que tout est découvert,
apprécié, connu. Qui se permettrait une telle
jactance? au milieu de nous que je serais porté
à le juger le moins instruit. De ce qui se fait,
de ce qui s'est fait, je ne tire pas l'induction que
cela dût être, que cela fût nécessaire. Que de
fois des circonstances fortuites, dont l'intrigue

sut tirer parti, qui trop souvent furent soldées
par le crime, ont prévalu sur nous. Pour nous
réunir, pour nous rallier, la presse était impuis-
sante, elle était étouffée.

Trop souvent l'histoire nous offre des leçons
sans nous donner des exemples à suivre; qui
la parcourant avec douleur, ainsi que moi, ne
s'est écrié :

Eh quoi! partout l'on s'est assassiné.
L'histoire de l'homme, helas! est l'histoire du crime (1).

Quel moyen de parer à tant de malheur! la
liberté de la presse. Elle avertira l'homme des
piéges qui l'entourent, lui parlant le langage

---

(1) Ce fut le défaut de liberté de la presse qui,
en ces derniers temps, amena et consolida tous nos
malheurs. Sûrs de n'être pas contredits, nos faiseurs
de beaux raisonnemens établissaient au gré du moment,
qu'enfin l'on obtenait le souverain bien. Ils prodiguaient
la basse adulation, la flatterie. « Les circonstances ac-
tuelles (disaient-ils) sont la suite nécessaire, heureuse,
et enfin le curatif de nos erreurs; » et sur ces bases,
avec emphase, ils bâtissaient des principes, péremptoires
disaient-ils, mais à l'instant écroulés. Que de petites
causes les ont produits ces grands événemens! Avec eux,

sévère de la sagesse, lui montrant son intérêt réel dans l'austère vertu.

Qui ne sera fidèle à ces principes sera par la presse renversé, confondu.

L'homme, pour être bon, pour être juste, a besoin d'être éclairé ; le corps social lui même, en masse, pour s'améliorer, se maintenir, a besoin de la prévoyance, des leçons du génie ; ou marchant à reculon, les vérités les plus simples seront oubliées, méconnues ; les plus absurdes prétentions, les rivalités, les haines amèneront bientôt les affreux bouleversemens que témoigne l'histoire.

D'après ces considérations, je demande la liberté de la presse, la liberté entière de manifester son opinion et ses idées, et qu'il en puisse être rendu compte.

---

grands orateurs, sont tombés, vos grands principes, que ne ratifiera pas la postérité.

Toute circonstance est mobile et éphémère. Qui la prend pour base bâtit sur un sable mouvant.

Instructeurs du genre humain, parlez des choses d'après leur nature propre, considérez les en elles-mêmes si vous voulez vous survivre.

On m'objectera que ce droit est reconnu, que la charte le consacre, et qu'enfin les excès et les abus dont il est susceptible, vont être définis pour être réprimés.

Nous aurons une véritable liberté, si ces conditions sont remplies, mais que la répression des délits de la presse n'en étouffe pas le droit. Il s'étend sur tout ce qui nous concerne.

La loi elle-même, nos institutions veulent être obéies ; mais cette obéissance n'exclut pas tout examen, toute discussion, toute censure en tous sens au gré de toute opinion individuelle.

Que les formalités de l'impression ne paralysent pas notre pensée. Tout écrit publié est un appel à l'opinion publique ; que quiconque le blâme, à son gré l'attaque et le fronde. Qu'il soit permis de spécifier ce qui nous plaît ou nous afflige, et offrons nos vues sur ce que nous desiterions y substituer.

La vérité se fait jour à travers les débats, et inattaquable sort bientôt resplendissante de beauté.

A quoi reconnaître qu'une opinion est vraie si elle ne peut être contredite ? A qnoi sert ma liberté de penser que je tiens de l'auteur de mon être, *de Dieu*, si je suis forcé d'en entendre toujours une qui m'est opposée, sans la pouvoir combattre ? L'on répond : « Gardez-là pour vous. » Pourquoi la liberté de se manifester serait-elle exclusive à une opiuion ? d'être dominante ne prouve rien, nous le savons. Qui en garantit la générosité, l'excellence ? On ne peut la contredire.

L'opinion publique amène l'esprit public. Il n'y en a point saus liberté. L'opinion publique veut en tout et surtout être éclairée. La masse, par ses travaux, ses mouvemens journaliers, est détournée du soin de s'occuper de scs intérêts généraux ; elle ne peut les étudier. Elle offre beau jeu à qui sait lui en imposer par des prestiges, à qui la flatte et qui la trompe. Si une seule voix, sachant tout comprimer, tout absorber, seule se fait entendre, en dupe la masse la snit et reste bafouée, avilie.

Qui peut prétendre conduire, gouverner l'opinion publique ? Qui lui a donné son droit ? Il appartient à chacune. Ainsi Bonaparte, de honteuse mémoire, en nommait les directeurs. Partout il semblait préconisé, vanté, tandis que par la partie de la nation saine, éclairée, nommé tyran, il était haï.

Prétendre diriger l'opinion publique, c'est asseoir la tyrannie. L'opinion publique veut se former sur des débats, elle ne veut point de chaînes ; elle veut être libre d'adopter ou de refuser. Elle ne veut point croire sur parole ; elle veut une discussion pour se fixer et seule parler en souveraine.

Prétendre régir l'opinion publique ! Ne craignons pas de le dire, c'est la régir que de disposer des journaux, des écrits quotidiens, qui, chaque jour, transmettent ce qui se passe, et offrent toute idée nouvelle. Qui peut ordonner de les voir sous le jour qui lui plaît ? Qui doit régler la disposition des esprits ? Qui determinera quels ouvrages seront annoncés, préconisés, et quels sont ceux sur lesquels régnera un silence absolu ? Les lois simples qui réprimeront les abus de la presse, embrassant tout écrit et spécifiant tout délit, comprendront par cela même toute feuille publique.

Qu'ainsi que tous obéissant à la loi, ils en appellent à la réflexion, au raisonnement, s'ils la frondent, s'ils la jugent incomptable ou fausse. Leur intérêt leur dit assez qu'ils doivent marcher vers l'intérêt commun, et que, s'ils ne sont bien réellement l'écho de cette raison publique, qui se forme dans la maturité et le silence, eux-mêmes tomberont repoussés pour ne plus être lus.

Qu'ils sachent redire avec nous, avec confiance et fierté.....

« Obéir à la loi, c'est régner avec elle. »

La loi qui réprimera tout délit réel, à l'avance prévu, au moment constaté, doit tous nous protéger de son égide.

Mais, où est la liberté publique, lorsque les journaux par-tout à-la-fois disent une opinion individuelle, commandée; lorsque tout fait, tout ouvrage est jugé par un même œil, autorisé par une même main, une même volonté, sans contradiction, sans débats. L'opinion publique ne veut d'autre directeur que son propre jugement.

Restreindre la liberté de la presse, celle des journaux, c'est arrêter le bien des découvertes; c'est paralyser la pensée, le génie; c'est à mon sens un crime de lèze-nation; c'est commettre un crime de lèze-humanité.

A cette déclaration que j'ose faire, que suite de la pensée, la liberté de la presse est un droit dont la jouissance ne peut être ravie à la société, sans le plus grand dommage , sans délit et sans crime ; j'ajouterai que ses écarts, ses abus peuvent facilement être pressentis et prévus : par leur nature , ils seront aisément réprimés , et deviennent sans danger.

Généralement la liberté de la presse porte avec elle la répression de ses excès. Paralyser la liberté de la presse , dans la crainte des abus qu'elle peut entraîner , c'est empêcher l'homme de discourir, de peur que sa voix ne se laisse emporter par le mensonge. Et cependant l'éloquence du *forum* était certes bien plus dangereuse que celle de l'écrivain ne peut l'être. Maniée avec adresse, parvenue par art à captiver les esprits, sans avoir pu être pressentie , bientôt elle s'en empare et les emporte. Son effet n'a pu être prévu. Point de réflexion , de retour sur soi-même , l'imagination est séduite , l'opinion est entraînée , le mal peut être produit ; il est immédiat , et la voix de ses sons ne laisse nulle trace.

La presse adresse bien ses traits au sentiment : plus assurée que la voix, elle ne connaît ni les lieux , ni les temps ; mais , loin de s'évaporer , elle reste soumise à l'analyse de la raison sévère, elle se présente à l'homme en ses momens de calme, de froid. Les dires sont alternativement consultés, interrompus, repris; toutes ses expressions sont pesées; nulle contradiction n'échappe. Loin de la presse, les prestiges de la déclamation des gestes, du ton; le papier est froid, inanimé, et s'offre dans le silence. Il se présente et ne fuit plus; il reste; il en appelle à vos intérêts, à la raison.

C'est à l'homme à la juger; c'est à lui à distinguer les conseils qui lui peuvent être utiles. Il doit vouloir les entendre. C'est à sa conscience propre, éclairée, consultée, à le diriger. Il refuse le secours officieux de celui qui veut bien se proposer, pour prononcer à sa place et sur lui.

Que la presse soit libre, parfaitement libre sous l'égide des lois, et le nombre de ses feuilles, impossible à réunir, en atténue l'effet. Que sous des dehors adroits, un écrit faux, opposé au bien réel de tous, un moment surprenne l'attention publique, bientôt mille plumes à l'envi vont s'élever pour le détruire. L'intérêt commun y invite, c'est à qui lui portera des coups plus assurés. L'artifice un instant peut séduire; mais bientôt elle est appréciée, la vérité est la base de l'éloquence.

Que l'on cesse de se l'imaginer, une opinion

émise n'a pas la propriété de l'étincelle échappée
sur un monceau de poudre. L'homme n'est pas
si facile à émouvoir. Il n'y a de dangereux que
ce qui est contraint, et forcé de se traîner dans
l'ombre. Le propre de la masse c'est l'inertie ;
l'effet de la presse sera d'autant moins actif,
qu'elle sera plus libre. Pour se déterminer chacun voudra être présent aux débats ; et certain de
disposer de soi, ne voulant point être dupe, il
prendra tout le temps nécessaire pour être convaincu.

Ainsi lentement, mais sûrement, s'établira
l'opinion publique qui, laissée à elle-même,
n'est à craindre que pour celui qui voudrait la
tromper.

Mais, faite pour l'éclairer, pour lui donner
tout son essort, si la liberté de la presse peut
donner lieu à des excès, quels moyens les pour-
ront réprimer ?

Ils seront simples ; ils naîtront de la nature
même des délits, qui, s'ils n'étaient point prévus, arrêtés, détruits, sans doute nuiraient à la
raison publique.

Ainsi, il y a, je crois, quinze années, tandis
que dans un rapport qu'il faisait au congrès des

états d'Amérique , son honorable président M. *Gefferson*, déclarant qu'avec orgueil tout habitant des États-Unis pouvait se vanter de ne connaître dans leur intérieur nul percepteur de taxes ; tandis qu'il disait , les provisions , les instrumens aratoires, les métiers même qu'il répandait parmi les sauvages, ajoutant (mais alors je ne l'admirais plus) que des émissaires, chez eux par lui envoyés , les voulaient préparer à la civilisation. « Ne peuvent-ils acquérir des connaissances (ai-

« je eu alors l'honneur de lui écrire en une lettre,

« qui peut ne pas lui être parvenue) sans perdre

« leur indépendance mutuelle ? Sans doute , né

« au sein de nos besoins sociaux , nul de nous ne

« voudrait aller vivre isolé dans les bois, les dé-

« serts ; mais est-il donc bien sûr que casaniers ,

« entassés , nous soyons plus heureux ? Est-il

« bien sûr que nous soyons civilisés ! S'il se peut,

« facilitez leur subsistance ; amenez-les à vous

« aimer pour ne jamais vous nuire ; jamais ne les

« trompez ; mais laissez-les à eux-mêmes, vivre

« errant au sein de la nature. »

En même temps, M. *Jefferson* exprimait ses inquiétudes et ses chagrins.

« Les constitutions de nos heureux pays,

« disait-il, reposent sur la liberté de la presse ;

2

« et ce puissant paladium de la félicité publique
« en peut opérer le renversement, par le nom-
« bre de feuilles liberticides empoisonnées que
« pour nous perdre, sans relâche des ennemis
« perfides vomissement sur notre territoire. »

Je fus frappé de ces plaintes. Si, comme je le
crois (me dis-je à moi-même), la liberté de
la presse est le plus sûr garant de la liberté
publique, bien raisonnée, il ne se peut qu'elle
en devienne le fléau. Qu'elle ne puisse cesser
d'être entière, et que tout délit matériel par
qui que ce soit qui s'en rende coupable, soit
réprimé, puni ; et si toute opinion, ne s'adressant qu'à l'opinion, quelque subtile, quelque
fausse, quelque méchante qu'elle puisse être ne
peut être arêtée, comprimée, qu'elle soit nécessairement démasquée, elle deviendra sans danger ; bien loin, elle ralliera les esprits sous les
étendards de la patrie. Que des commissions à
l'avance ostensiblement nommées, choisies par
le gouvernement parmi les plus instruits et les
sages, prenant connaissance de tout écrit publié,
soient chargées aussitôt qu'un paraît, non coupable de délits matériels, (sa poursuite appar-
tiendrait aux tribunaux) mais présumé coupable
d'un délit d'opinion, qu'aussitôt elles préviennent

qu'au premier coup d'œil elles le blament, et annoncent qu'elles vont s'occuper du soin de le combattre. Jugement qu'en un délai donné, elles se hâteront de produire, et dont copie devra toujours être remise à l'auteur inculpé.

Alors, de soi-même, toute décision est suspendue; des débats s'ouvrent solennels et sacrés; la vérité va lutter contre l'erreur. De quelque côté qu'elle soit, le triomphe est certain. L'opinion publique attentive, fortement intéressée, bientôt est éclairée, et devient fixée.

Ces données me semblent positives, et tel est le résumé de mon projet. S'il ne se fût arrêté en mon esprit que dans l'espoir de servir à notre patrie, entraîné par mon désir, je pourrais craindre d'être seulement séduit par un si doux sentiment; mais il fut le produit de réflexions faites à une grande distance, que le temps n'a point changées.

S'il est vrai qu'il puisse être pour l'Amérique lé moyen le plus simple de parer aux délits de l'opinion, il sera le même pour nous. Le temps est venu où nous apercevons enfin que quelques soient nos lieux d'habitation, nous avons tous les mêmes besoins, les mêmes droits et les mêmes

devoirs d'ordre, de justice, de sagesse, d'indépendance et d'égards mutuels.

Loin d'être ennemis, nous sommes tous faits
pour nous protéger, nous estimer et nous aimer.

Je demande donc que les délits de la presse
soient distribués en deux classes; l'une sous le
titre de délits matériels, comprenant tous ceux
qui seront repris par le Code pénal, et jugés par
les tribunaux sur la déclaration des jurés.

La deuxième, sous le titre de délits d'opinion,
comprenant toute opinion présumée fausse, dangereuse; mais qui non coupable de délits matériels, et ne s'adressant qu'à la raison lente et réfléchie des hommes, n'est bien certainement,
quelle qu'elle soit, justiciable que de la seule
opinion.

Ainsi la liberté de la presse sera pleine et
entière, et ses abus, ses excès, d'après la nature
même des délits, seront réprimés sans danger.

Ainsi l'opinion publique, prémunie s'il y a
lieu contre l'erreur, appelée à s'améliorer sans
cesse, d'elle-même statuera sur les opinions qu'il
lui plaira d'adopter.

Ainsi il n'y aura des termes à la raison publique, que les bornes de notre intelligence.

Si la vertu est l'habitude du bien, la pratique de faits utiles, favorables aux développemens de nos moyens, de nos facultés, conformes à notre organisation physique et intellectuelle ; si la vertu repose sur la vérité que créa le Dieu de l'univers ;

Si pour être aimée, suivie, elle n'a besoin que d'être connue, le génie en tout pays est appelé à cimenter la positive civilisation des hommes.

Alors ne pourra plus être produite cette fameuse question qu'avec courage, il y a environ vingt-cinq ans, proposa à résoudre *l'académie de Wilna*.

« Pourquoi nos sciences exactes, nos arts mé-
» caniques, ceux d'agrément même, marchent-
» ils vers une amélioration réelle, tandis que
» l'art social seul, qui tient à l'intelligence de
» l'homme, semble toujours aller d'un pas ré-
» trograde. »

Nous lui répondrons : « Hommes magnanimes,
» depuis que vous avez posé cette question, l'in-
» telligence humaine s'est améliorée, et sa mar-
» che accélérée ne doit plus revenir en arrière.
» Une véritable liberté de la presse, par la loi

» garantie, va devenir le gage certain de nos
» progrès assurés. »

Répétons-lui : « Les hommes ainsi que les na-
» tions cessent de se regarder comme ennemis;
» connaissant leurs droits et leurs devoirs indi-
» viduels, mutuels, loin de chercher de conti-
» nuer de se nuire, ils vont désormais se lier
» d'un amour réciproque. Ils ne cesseront plus
» de jetter un coup d'œil attentif sur eux-mêmes;
» et rien que ce qui est vrai, utile et bon désor-
» mais, n'obtiendra leur hommage.

» Académie de Wilna, ceux qui s'opposèrent
» au bienfait de la presse libre, ont pu être les
» auteurs des maux dont vous avez gémi.

» Au nom des nations, nous offrons à tous
» ceux qui vont servir à nous garantir la liberté
» de la presse, l'expression de notre recon-
» naissance. »

Considérations particulières.

Avant de passer au projet de loi que j'ai l'honneur d'offrir, je vais essayer de motiver deux
idées nouvelles, qui peut-être vont s'y rencon-
trer. 1.° J'établis la propriété de l'auteur et de

ses descendans sur un ouvrage ; je lui reconnais le droit d'en disposer, de le vendre, et cependant je ne pense pas qu'un auteur lui - même, ayant une fois fait imprimer son ouvrage, ait le droit de le retirer, je ne dirai pas du *commerce* (style du libraire commerçant), mais de la circulation. Je lui refuse de pouvoir l'anéantir. Il appartient à l'esprit humain, à la masse de nos connaissances ; il est preuve, et exemple de l'intelligence ou de la faiblesse humaine ; il signale en quelque sorte le temps de sa naissance ; il fait jour ou ombre au tableau ; il devient ce qu'il peut ; il sera reproduit ; ou dès sa naissance, souvent à peu près il meurt. N'importe, laissons-lui sa destinée que *fixe la Providence.*

Si l'auteur lui - même peut être ne peut l'anéantir, à plus forte raison ne doit pas le pouvoir l'héritier, trop souvent différent de celui dont il hérite, dont depuis long - temps peut - être il convoitait les faibles dépouilles, souvent quoique d'un même sang et même immédiat, ayant des données et des lumières précisément opposées. Ainsi l'un croit espérer parler le langage de la droite, pure et sage raison ; il désire s'élever au-dessus de l'erreur, au-dessus des préjugés qui,

tels que de légers brouillards, chaque jour chan=
gent de place ; mais quoique différens, n'en obs-
curcissent pas moins quelquefois l'horison : il
voudrait faire le bien et son héritier, son fils,
son frère, ne voit en lui qu'un esprit qu'il fau-
drait étouffer.

L'un veut la tolérance, l'autre ne voit de salut
que dans la ligne qu'il tend, sans pour cela qu'il
soit constant qu'elle soit devenue droite.

Si les ouvrages de l'esprit, de l'imagination, de
l'ame, devenaient le propre disponible et suc-
cessif des héritiers, pas une des pages bientôt
peut-être ne resterait du malheureux auteur.

Seconde considération.

Je demande que les dix exemplaires de tout
ouvrage, que j'établis devoir être remis à l'autorité au moment de sa publication, ne puissent
être anéanties.

Je suis toujours surpris de la différence de
notre législation, relative aux divers actes de
l'homme, et ceux particuliers à la presse.

Qu'un crime malheureux soit commis, tout

ouvrage, tous journaux le rapportent et en re-
tracent les moindres circonstances, souvent quelque horribles qu'elles puissent être. Pourquoi
aussi-tôt qu'il est question d'un délit de la presse,
en fait-on disparaître toute trace? Le livre est
condamné, détruit. On en entend le jugement,
il est sans appel ; personne n'en peut juger. L'on
dit bien que l'on égorge un homme ; l'on en rapporte toutes les facilités ; et dès qu'un livre est
dit coupable, que ce qu'il dit ne plaît pas, on
est loin d'en rendre compte ; on l'anéantit, et
avec tant de promptitude, que trop souvent l'on
craint que ce prononcé ne soit celui de l'amour-
propre, et quelquefois il est présumé être celui
de la mauvaise foi, étouffant des reproches, des
vérités utiles. Le corps du délit n'est point offert
au public. Est-il donc plus hideux, plus dangereux que l'exposé d'un assassinat? Chacun ne doit-
il pas juger de l'offense et de la juste application
de la peine.

Par l'ensemble du projet que je propose, ce
vice (que je trouve) n'aurait plus lieu. J'estime
que le corps du délit ne doit point être soustrait ;
l'exposition franche de l'erreur souvent en est le
meilleur préservatif. S'il fallait qu'elle se repré-
sentât, l'on saurait comment elle a été combattue.

Au cas d'un jugement sain, il servira d'un exemple raisonné ; au cas (et les siècles en offrent la
tradition) où l'aveuglement l'aurait dicté, ou l'i-
gnorance aurait voulu étouffer les découvertes
du génie, il sera vengé par les suffrages de la
postérité.

J'essayais de retracer ces idées et ces derniers momens, lorsque j'ai vu annoncé un écrit intitulé : *De la
législation anglaise sur le libelle, sur la presse et les
journaux.* Sur-le-champ j'ai suspendu mon travail, et en
toute hâte, j'ai demandé cet ouvrage. J'espérais y trouver
notre sujet éclairci ; je pensais qu'il allait nous offrir un
guide assuré, un système complet, j'ai été déçu ; je n'ai
trouvé qu'un cahos ; une loi commune, effet de traditions
indigestes, confuses, mêlées à des statuts, à des lois
qu'ont souvent amenées des circonstances opposées.

Non ce n'est pas là l'ensemble que nous devons désirer,
le système simple et profond où tout se coordonne et qui
apporte au milieu de nous l'ordre, la sûreté, l'accord et
l'harmonie.

Anglais, comme voisins, comme hommes, et souvent géné-
reux, je vous aime ; mais l'échafaudage de votre prétendue
grandeur, vos lois, votre charte elle-même ; votre mode de re-
présentation, vos moyens coercitifs extérieurs, votre jalousie,
votre domination maritime, votre commerce voulant verser et
point recevoir ; vos idées d'occupations, de possessions, de con-
quêtes, l'asservissement de l'Inde, ne me paraissent pas avoués

par la sagesse, et par conséquent n'être point basés sur votre
véritable intérêt.

———

Mais qu'ai-je dit? Je parle de l'Angleterre! Les discussions
d'un raisonnement froid et sévère se taisent au cri de la nature.

O princesse Charlotte! ô tendre fleur, posée au premier rang,
dont on vantait et la grâce et les charmes, et qui devenais mère!

Quels eussent pu être tes precieux rejetons ? Peut-être la con-
solation de la terre.

Hélas! trop souvent ce qui nous semblait le plus digne d'a-
mour, périt avant le temps.

Père, mère inconsolables, époux désolé, permets à un étranger de verser aussi des larmes.

Aussi il a posé dans la tombe une épouse (pourquoi crain-
drait-il de le dire) en sa condition paisible, modèle de vertus;
et ses fils ont péri dans ses bras, ses premiers fils, objets de son
orgueil?

Leopold , père infortuné, permettez que je pleure avec
vous. Souvent je me suis dit : J'ai fait ce que j'ai pu ;
je cède par force ; je n'ai pu l'empêcher. O altitudo! près
de notre faiblesse. Du moins que de tendres souvenirs

Restent toujours presens à ma triste pensée !

le temps, un utile travail, la bienfaisance peuvent seuls nous
distraire   et l'amitié.

O mort! voila le vrai malheur. Il n'est plus de réparations,
de remèdes.

Dès 1795, je l'avais pressenti. Est-ce à nous de répandre la
mort; pouvons-nous la reprendre? J'avais écrit:

« Ainsi que l'homme individuel, le corps social, la masse au
» moment d'une juste défense la peut donner; l'ennemi terrassé,
» lié, vaincu, il n'a plus de droit sur sa vie. Le crime lui-même
» est l'effet de l'erreur et souvent du délire. Il est d'autres châ-
» timens..... ils ouvrent la porte au repentir.

» Prononçons l'abolition de la peine de mort. »

———

DE LA LIBERTÉ DE LA PRESSE.

PROJET DE LOI.

ARTICLES GÉNÉRAUX.

ARTICLE PREMIER.

Conformément à l'article 8 de la Charte, la liberté de la presse est garantie aux Français.

II.

La liberté de la presse consiste à émettre, à faire imprimer et publier ses opinions sur tout ce qui intéresse l'humanité, sans nul examen, sans nulle censure préalable.

III.

Les abus, les excès, les délits, auxquels la presse peut donner lieu, seront, pour être réprimés, énoncés et distribués ainsi qu'il va être dit ci-après :

Articles réglémentaires.

I V.

Toute personne ayant une ou plusieurs presses, est tenue, dans les trois jours qu'elle les possède, et avant de s'en servir, d'en faire la déclaration à l'autorité immédiate du lieu où elle est établie. Il lui en est donné acte, et il en est tenu registre.

V.

Dans la quinzaine de sa déclaration, et encore avant toute impression, elle remet à l'administration immédiate du lieu de son domicile, sous récépissé, un certificat de six citoyens électeurs, constatant, 1°. sa moralité ; 2°. son aptitude et instruction suffisante pour bien diriger sa presse ; 3°. l'engagement qu'elle prend de signer, en qualité d'imprimeur, tout écrit quelconque qui sortira de ses presses.

V I.

Au cas où elle acquiert de nouvelles presses,

ayant précédemment produit le certificat exigé ; elle n'est tenue qu'à faire de celles-ci , dans les trois jours , la déclaration nouvelle.

VII.

Le manque , l'oubli de ces formalités, une négligence honteuse dans le fait de l'impression, constatée par le prononcé des jurés , entraîne, par jugement de police correctionnelle, l'interdiction de l'imprimerie, l'apposition des scellés sur ses presses , la défense de les garder ; et s'il est jugé y avoir lieu pour des délits matériels du fait d'ouvrages , dont le nom de l'auteur n'est pas déclaré , sur le prononcé des jurés , l'imprimeur est passif de punitions corporelles.

VIII.

La signature de l'imprimeur seule est commandée sur tout écrit , sauf à celui-ci à justifier du nom de l'auteur ou de celui de l'éditeur, sur l'ordre seul des tribunaux ; si mieux n'aime l'imprimeur en rester responsable.

IX.

Au moment où tout écrit sort de ses presses , il en remet dix exemplaires à l'autorité immé diate ; il énonce le nombre d'exemplaires tirés, et le lieu principal de vente.

Reconnaissance lui en est à l'instant remise.

X.

Toutes lois rendues d'après les formalités voulues par la Charte , et la Charte elle-même, commandent une obéissance positive.

X I.

Les délits auxquels les écrits imprimés peuvent donner lieu , sont distribués en deux classes. La première classe , sous le titre de délits matériels ; la seconde, sous le titre de délits d'opinion.

X I I.

Sont étrangers , sous le titre de délits matériels :

1°. L'oubli de la part de l'imprimeur des conditions ci-dessus exprimées ;

2°. Du fait de l'ouvrage , le mensonge sur ces faits , sur ces personnes ; la calomnie ; la médisance non jugée nécessaire sous des rapports positifs ; l'oubli des mœurs ; les insultes ; le dol ; la fourberie ; l'appropriation frauduleuse de la pensée d'autrui, de ses ouvrages ; la divulgation de secrets non reconnue nécessaire ; l'énoncé de toute méthode d'art, de recettes non suffisamment éprouvées garanties; toute contrefaçon ; toute publication d'ouvrages non autorisés par son auteur ou ses ayant-cause, ou au mépris des formalités prescrites;

La provocation à des voies de fait coupables à des désordres; le conseil de tout fait nuisible ;

Une intelligence en un sens coupable avec les ennemis, proclamés, tant intérieurs qu'extérieurs de l'état ; la divulgation de secrets intéressant sa sûreté, sa défense ; toute correspondance tendant à les compromettre ; toute provocation à l'inviolabilité des personnes et de propriétés, tant particulières que publiques.

XIII.

Ne peut être rangée, sous le titre de délits matériels, la provocation (sans demande de réunion), à l'émission paisible et positive de votes, de manifestation d'opinions déterminées.

XIV.

Sont comprises sous le titre de délits d'opinion, toutes opinions s'adressant seulement à l'opinion réfléchie et publique, préjugées fausses et dangereuses.

X V.

La connaissance des délits matériels spécifiés par l'article II, provoquée tant par l'autorité publique que par celui qui s'en juge offensé, appartient aux tribunaux ordinaires de justice. Les cas en sont prévus par le Code pénal, et punis conformément à ses dispositions sur le prononcé des jurés.

De la propriété des écrits.

X V I.

La propopriété d'un écrit appartient à son auteur. Il n'en est justiciable que devant la loi. Il en dispose à son gré.

X V I.

A défaut de dispositions expresses, elle passe à ses héritiers.

X V I I I.

Le don, la vente qui en sont faits par lui ou

par ses héritiers, n'entraînent nulle rétribution fiscale.

XIX.

Tant que l'auteur vit, nulle impression de son ouvrage n'a lieu contre son gré.

XX.

Après lui, au cas où les éditions de ses ouvrages sont épuisées; au cas où l'héritier ou son représentant ne juge pas à propos d'en publier une nouvelle, sur son refus, un éditeur le peut offrir au public.

XXI.

Au cas où la rétribution due au représentant de l'auteur n'est pas fixée par lui de gré à gré avec l'éditeur, le quart des exemplaires est dû au représentant.

XXII.

Au cas où plusieurs éditions se présentent, leur choix appartient au représentant de l'auteur.

XXIII.

Les conditions de rétribution et de tout ce qui

3 *

concerne l'édition qui va s'entreprendre , sont posées par écrit pour pouvoir être exigées.

XXIV.

Le délai du représentant pour répondre à la signification à lui faite par l'éditeur qui se présente , de demander s'il entend ou non offrir au public , par lui-même ou par qui il choisirait , une nouvelle édition de l'ouvrage dont il est propriétaire , est fixé à un mois s'ils sont eloignés de moins de cinquante lieues , et de deux mois dans un eloignement plus étendu , mais dans une même partie du monde ; plus éloignés encore , le délai sera du quadruple du temps voulu pour que la demande lui parvienne.

XXV.

Au cas où le représentant est inconnu ou sa demeure , la demande en est inscrite dans les journaux de la capitale , et s'il en existe dans celui du département de l'éditeur qui se présente. Au bout de trois mois de nuls renseignemens à la demande réitérée des journaux , mois par mois , l'éditeur est autorisé à poursuivre l'édition proposée et d'en manifester aussitôt l'intention. Faute de quoi , dans le délai d'un mois , à dater de l'expiration des trois mois de proposition , un autre publie la volonté de l'entreprise et s'en empare.

XXVI.

La part du représentant non connu reste trois mois en dépôt , à dater de la publication de l'édition. Passé ce délai , elle rentre entre les mains de l'éditeur.

XXVII.

Au cas où un ouvrage est refondu , refait , ou il s'y fasse des corrections notoires et suffisantes , compensation à dire d'experts , et , s'il y a lieu , déterminée par les tribunaux sur le prononcé de jurés pairs , est due au représentant pour la part de l'auteur , qui acquitte sa part des frais.

XXVIII.

A moins de conditions à l'amiable déterminées, au cas où l'ouvrage ne se compose que de textes écrits ; si , à l'édition , il y est ajouté des gravures ou embellissemens étrangers , il n'en est pas dû au représentant dans les exemplaires qui lui sont livrés , l'annonce lui en aura été faite et constatée.

XXIX.

Au cas où, sur l'annonce reçue, le représentant les a réclamés, ces ajoutés sont joints aux exemplaires qui lui sont fournis, et aux seuls frais et coûts de la main-d'œuvre.

XXX.

Le défaut d'une ou plusieurs des formalités ci-dessus prescrites, rentre dans la classe des délits matériels.

Articles généraux.

XXXI.

La distribution des dix exemplaires, conformément à l'article IX, remis à l'autorité immédiate, s'opère par elle ainsi qu'il suit :

Un reste aux archives de l'administration; trois sont remis au chef-lieu de l'arrondissement, savoir : un aux archives de la sous-préfecture, un à celles du tribunal de première instance, un à la commission dont il sera parlé ci-après :

Trois sont de même remis au chef-lieu du département, à la préfecture, au tribunal de première instance, et à la commission du département ci-dessous énoncée.

Trois sont remis au chef-lieu de l'Etat, savoir: un au ministre de la justice, deux à la bibliothèque centrale.

XXXII.

Les dix exemplaires, repris en l'art. XXXI ci-dessus, ne peuvent jamais être détruits par quelque ordre que ce soit, ni sous aucun prétexte, ni de quelques délits dont l'ouvrage soit convaincu.

XXXIII.

Tous jugemens, tant de prévention que définitifs, y sont annexés.

XXXIV.

Communication, sous toute garantie, après les momens d'examen et de jugement, ne peut être refusée à qui sur les lieux la requiert.

Des formalités relatives aux ouvrages prévenus de délits.

XXXV.

Dans la quinzaine qui suit la remise des exemplaires, spécifiée art. IX, l'autorité publique(1), au cas où elle les estime coupables de délits, en fait signifier la déclaration à l'imprimeur, à la personne chargée de la vente, à l'éditeur, s'il y a lieu, et à l'auteur, s'il est nommé, connu.

XXXVI.

Cette déclaration spécifie les passages préjugés attentatoires aux lois et les articles de la loi qui les concerne ; elle indique le caractère préjugé du délit, et prononce s'il est estimé y avoir lieu à la saisie de l'ouvrage.

XXXVII.

Au cas où la saisie est préjugée devoir avoir lieu, elle s'effectue provisoirement dans les 24 heures qui suivent la déclaration.

---

(1) Le commissaire du Roi.

XXXVIII.

La déclaration de prévention de culpabilité, conformément à l'article XXXV, et la saisie provisoire, conformément à l'article XXXVII, tant séparément qu'ensemble, sont sans effet et annullées, si, dans les deux jours de la date de la déclaration, elles ne sont textuellement et séparément confirmées par un jugement sommaire du tribunal, et signifiées à l'imprimeur, à l'éditeur, s'il y en a, à la personne chargée principalement de la vente, et enfin à l'auteur, s'il est nommé, s'il est connu.

XXXIX.

Au cas où la gravité du délit présumé entraîne détention provisoire de l'auteur au jugement sommaire du tribunal, la déclaration a lieu sur l'imprimeur, à défaut d'éditeur ; et sur l'éditeur, s'il y a lieu, à défaut de l'auteur, si celui-ci n'est pas nommé, connu.

XL.

Si l'auteur est connu, et si l'impression a eu lieu à sa demande, l'auteur seul est et reste responsable (1).

____

(1) Vouloir que l'imprimeur, en quelque cas que ce puisse être, soit responsable, quand l'auteur est justifié,

XLI.

Au cas où l'impression, et ensuite la publication d'un ouvrage n'a point été requise par l'auteur, il cesse d'être responsable.

XLII.

Reste responsable celui dont la publication est le fait.

XLIII.

Au cas où l'éditeur ou l'auteur sont déclarés responsables, ou l'un des deux, l'imprimeur cesse de pouvoir être inculpé.

XLIV.

Le tribunal seul, en séance publique, a droit d'ordonner la manifestation du nom de l'auteur, à défaut de celui-ci, de l'éditeur.

XLV.

A défaut d'en justifier, l'imprimeur reste passif et responsable.

---

légalement connu, c'est soumettre l'auteur à l'imprimeur ; c'est anéantir la pensée. L'imprimeur n'est tenu qu'à son art ; sinon, craintif, partout il verra des délits, il craindra les interprétations, il peut ne pas saisir l'esprit de l'auteur. Jamais il ne doit être le censeur ; laissons le à son talent, à son art.

(*Note ajoutée.*)

XLVI.

La détention ordonnée par jugement du tribunal, art. 39, est suspendue sur la caution de citoyens électeurs, garantissant la comparution du compromis à toute réquisition du tribunal jusqu'au prononcé du jugement définitif, et sous la garantie spéciale de toute sûreté particulière et publique.

XLVII.

La législation des journaux est semblable à celle de tout écrit. Le rédacteur est responsable, s'il ne justifie de l'auteur, et de sa demande de publication de nouvelle ou d'écrit.

XLVIII.

Au cas de justification, l'auteur seul est responsable.

XLIX.

Le rédacteur de tout journal est tenu de caser jour par jour, et de conserver pendant au moins deux années les notes sur lesquelles sa rédaction s'appuie.

L.

Dans le mois du jugement sommaire confirmatif de la déclaration de culpabilité présumée, conformément à l'art. 35, il est statué sur le fond de l'affaire par le tribunal du domicile du prévenu, sur le prononcé des jurés réunis au moins au nombre de 16.

Articles relatifs aux jurés.

LI.

La liste des jurés de l'arrondissement se forme sur la liste des électeurs de l'arrondissement par canton de justice de paix, commençant, 1°. par le plus jeune en remontant ensuite, 2°. et à la fois par celui d'un âge moyen et remontant de même.

LII.

Le nombre des jurés est de 24.

LIII.

Le prévenu en peut récuser un tiers, à son choix.

LIV.

Au cas où le nombre des jurés se trouve pair, la voix du plus âgé compte double. Au cas possible d'égalité, le sort prononce.

LV.

Le président du jury est tiré au sort parmi les membres restans après la récusation du prévenu.

LVI.

La première question consiste sur le texte précis des passages indiqués, s'ils y sont textuellement rapportés ;

Deuxième : si en eux-mêmes ils donnent lieu à un délit matériel ;

Troisième : si par les passages qui les précèdent et ceux qui les suivent, ils ne sont pas expliqués, modifiés, changés, dégagés du caractère de délit ;

Quatrième : si le délit subsiste, s'il a été commis voulant nuire ;

Cinquième : si aucun motif n'atténue la faute ;

Sixième : si le délit est réel dans l'ouvrage ;

Septième : si l'auteur est susceptible de ne pas recevoir l'application de la peine pour une raison morale.

Sur les Jugemens.

LVII.

Le manque des formalités ci-dessus prescrites entraîne la nullité de la procédure.

LVIII.

Au cas où elle est prononcée par le tribunal de cassation, celui-ci renvoie pardevers un tribunal voisin, s'il estime y avoir lieu.

LIX.

Au cas où des poursuites ayant été suivies, le prévenu est absous, les jurés ont encore à reconnaître s'il y avait lieu à prévention.

LX.

Au cas où ils déclarent n'avoir nullement pu être fondés, ils prononcent s'ils estiment qu'il y a lieu, vis-à-vis de l'auteur, à des dédommagemens et à quelle valeur, aux frais des poursuivans.

LXI.

Au cas où les parties s'estiment, ou l'une

d'elles faussement jugée, elle en appelle en seconde instance.

LXII.

Elle est jugée dans le mois.

LXIII.

Au cas où le premier jugement est confirmé, le châtiment en devient plus sévère.

Des délits d'opinion.

ARTICLES GÉNÉRAUX.

LXIV.

Est comprise sous le titre de culpabilité d'opinion, toute opinion sur quelque sujet que ce soit, s'adressant à la réflexion lente et raisonnée des hommes (abstraction faite de tout délit matériel, objet d'un point de vue et de rapport différens), reconnue fausse et dangereuse.

LXV.

Le droit de manifester son opinion n'en entraîne pas la justesse.

LXVI.

Les délits de l'opinion sont justiciables de la seule opinion.

LXVII.

L'opinion publique, formée des résultats des écrits et des débats particuliers et publics, ne peut être prescrite. Chacun à son gré la consulte et lui offre le tribut de ses connaissances. L'opinion publique est la conscience générale, elle est la réunion en un point des opinions individuelles. Elle a pour but une prospérité, une amélioration générale.

LXVIII.

Nul ne pouvant la régler, l'état veut que soient employés tous les moyens de l'éclairer.

Articles textuels.

LXIX.

Il est établi trois degrés de commissions d'examen par arrondissement, par département et au chef-lieu de l'empire (1).

---

(1) Je me sers à dessein du mot empire, il rend mieux mon idée.

A mon sens, Rome, Copenhague, Madrid, Bruxelles,

LXX.

Elles sont formées parmi les hommes réputés les plus instruits et les plus sages. Leurs noms sont authentiquement proclames.

LXXI.

Le choix en est fait par le gouvernement.

LXXII.

Elles sont composées, au premier degré, de trois membres ; au deuxième, de 9 et de 40 au chef-lieu de l'état.

LXXIII.

Ces commissions d'arrondissemens et de départemens reçoivent un exemplaire de tous ouvrages émis en leur sein.

La commission centrale reçoit deux exem-

Lisbonne, Paris, le Caire, etc., tous ont les mêmes droits, et les mêmes devoirs.

plaires de tous les livres écrits, imprimés, mis en vente publique dans l'empire.

LXXIV.

L'introduction et la sortie de tous livres sur le territoire français, sont autorisées et déclarées libres.

LXXV.

Au cas où un livre étranger est mis en vente, il est astreint aux formalités voulues pour les livres français.

LXXVI.

Les commissions sont chargées de la rédaction des annales de l'état; au terme de nos lois, elle peut-être contredite.

LXXVII.

Au cas ou à la réception, à la lecture rapide d'un écrit, elles en préjugent les idées fausses ; au cas où elles estiment, qu'énoncée d'une manière captieuse, pour en détourner le danger, il ne suffit pas d'en attendre l'oubli dans lequel d'elles - mêmes elles peuvent tomber, où les attaques que la masse éclairée, mécontente, peut s'apprêter à diriger contre elles; les commissions annoncent qu'à une première vue, présumées

4

coupables de délits d'opinions, elles vont s'occuper du soin de les combattre.

LXXVIII.

· La commission d'arrondissement rend compte
de ses travaux à celle du département, celle-ci
à la commission centrale, successivement en
échange elles en reçoivent les instructions, les
vues et les lumières.

LXXIX.

L'acceptation d'un membre de la commission
est volontaire.

LXXX.

Tout prononcé d'un membre de la commission est individuellement signé par lui.

LXXXI.

Chargé par la commission d'un rapport, il ne
peut plus être interdit à un membre de s'en occuper, de le rendre au public. Son rapport ne
peut lui être dicté.

Articles dispositifs.

LXXXII.

Qui ne l'approuve pas à son gré, le contredit.

LXXXIII.

Nulle personnalité n'est permise dans la discussion, dans les débats; tout y est généralisé, et a trait à la chose elle-même débattue.

Les personnes ne sont rien; la vérité de la chose examinée est le seul objet et le seul but. L'aigreur dans les débats est le propre de la politesse et de la faiblesse.

Articles textuels.

LXXXIV.

L'annonce prévue, art. LXXVII de prévention de culpabilité de délits d'opinion, est publiée dans le mois de la remise de l'exemplaire faite au terme de l'art. IX. — Avis sous récépissé en est en même temps donné à l'auteur; à défaut de celui-ci à l'éditeur, et à défaut de l'éditeur à l'imprimeur.

LXXXV.

Le rapport au nom de la commission, signé d'un de ses membres, est rendu public dans les trois mois de l'annonce de prévention qui en a été faite. Il est de même sous récépissé transmis gratuitement et sans frais à l'auteur, s'il est connu, à l'éditeur s'il en est un, et à l'imprimeur.

LXXXVI.

Leur défense réciproque, s'ils estiment y avoir lieu d'ajouter à leur opinion, est de droit. Au besoin, les commissions supérieures y joignent leurs avis, toujours transmis à l'auteur, à l'éditeur et à l'imprimeur de l'écrit débattu.

LXXXVII.

Chaque commission tient registre jour par jour de ses opérations. Il constate les noms de ceux de ses membres qu'elle charge de chaque rapport. Tous les ans il est rendu public.

LXXXVIII.

Au cas où le gouvernement transmet aux commissions des questions d'intérêt public, le rapport en est rendu public.

LXXXIX.

Il en est de même, si elles le jugent convenable, des réponses qu'elles peuvent faire à des demandes particulières.

XC.

Les débats qu'amènent les discussions des commissions, et les oppositions qu'elles éprouvent, éclairent et déterminent l'opinion publique.

Fin du projet de loi.

SIRE,

J'ai l'honneur de soumettre à Votre Majesté, sur la liberté de la presse, les idées ci-dessus exprimées.

Les lois me paraissent m'y autoriser, et bien plus la bonté et les lumières qui caractérisent votre personne sacrée.

J'ai l'honneur de vous en offrir l'hommage et celui de mon respect profond,

Le Comte de FRANCLIEU,

Ancien Capitaine de Dragon.

Senlis (Oise), 18 novembre 1817.

A Messieurs les Membres du Conseil,

J'ai l'honneur de vous offrir ces réflexions et le projet de décret y joint; faible individu, j'ai l'honneur, sur la liberté de la presse, de vous transmettre mon opinion personnelle.

Puisse le décret que vous allez rendre sur cet objet du plus haut intérêt, ainsi que l'ensemble de vos travaux, recevoir l'assentiment de tous les peuples de la terre, sur les questions d'intérêt général, qui toujours se trouvent mêlées à nos questions d'administration intérieure, puisque nos besoins généraux et particuliers à tous, dans tous les liens sont les mêmes ! besoins de vertu, de sagesse, reposant sur les bases immuables de l'éternelle vérité.

Le Comte de FRANCLIEU.

J'ajouterai une dernière considération.

En dernière analyse j'aurais pensé que la liberté illimitée de la presse, sous la seule garantie d'un code pénal général, spécifiant les délits et les crimes, était la seule loi à rendre. Mais le discours vrai de l'honorable Jefferson en prouve le danger.

Et peut-être (car nous devons tout prévoir, et lorsqu'il s'agit d'intérêt public, toutes précautions doivent être prises) les personnes qui ne veulent point de la liberté de la presse, qui en craignent le jour, l'œil toujours ouvert, et parmi lesquels peuvent être ceux qui ne veulent point d'une amélioration, d'une prospérité publique (ce sont là ses vrais ennemis), ces personnes, pour renverser cette liberté non assez gardée, pour en prouver les dangers, les délits, s'en rendraient coupables eux-mêmes.

Pour prouver qu'il faut craindre le feu, ils essaieraient eux-mêmes d'allumer l'incendie.

Les commissions que je propose, sans autre pouvoir, que le devoir de recourir à la vérité par le chemin de la persuasion, au-dessus (en temps que possible) des petites passions haineuses, des hommes faibles, n'offrent aucun épouventail de la raison publique. Pensons qu'ellés devront toujours être d'accord avec elle, on si elles s'égaraient par la force des choses, elles y seraient ramenées.

N'ayons tous qu'un but : la félicité publique, dont les fondemens sont la vérité; et quelque différente que soit pour l'obtenir notre manière de voir, que notre même objet nous rende mutuellement indulgens et unis.

FRANCLIEU.

De l'Imprimerie de RENAUDIERE, rue des Prouvaires, n°. 16.